Die Stimme der Evolution

Gedanken zur evolutionären Unternehmensführung

von
Raymond Spielmann
und
Andreas Giger

AF286921

Bibliografische Information der Deutschen Bibliothek
Die Deutsche Bibliothek verzeichnet diese Publikation in der
Deutschen Nationalbibliografie; detaillierte bibliografische Daten
sind im Internet über http://dnb.ddb.de abrufbar.

Idee und gedanklicher Inhalt:
Raymond Spielmann und Andreas Giger

Autor (Texte und Bilder): Andreas Giger

1. Auflage 2006
Satz und Gestaltung: Andreas Giger
Herstellung und Verlag: Books on Demand GmbH, Norderstedt,
www.bod.de

ISBN-10: 3-8334-5428-8
ISBN-13: 978-3-8334-5428-8

Für alle,
die ahnen,
dass die
Management-Systeme
aus den Lehrbüchern
noch nicht
der Weisheit
letzter Schluss
sein können.

Gefördert wurde dieses Buch durch die Unternehmen
Lavoris, Raiffeisen und Victorinox.
Mehr dazu auf der letzten Seite.

Inhalt

Gestatten Sie, dass ich mich vorstelle? Ich bin die Stimme der Evolution. Oder jedenfalls die Stimme dessen, was die Autoren dieses kleinen Buchs für die Evolution halten.

Nun, ich gebe es ja zu, der Gedanke, die Evolution sei so etwas wie ein eigenständiges Wesen mit eigenen Gedanken und eigener Stimme, ist gewöhnungsbedürftig, vermutlich auch für Sie.

Was eher nicht daran liegen dürfte, dass Sie wörtlich an die biblische Schöpfungsgeschichte glauben, wonach Gott in sieben Tagen die ganze Welt und alles darin geschaffen hat – vor kaum mehr als zehntausend Jahren. Im deutschsprachigen Raum glaubt nämlich nur noch jede(r) Sechste an diese Version der Entwicklung des Lebens.

Ganz anders verhält es sich diesbezüglich in den USA, wo mehr als die Hälfte der Bevölkerung die biblische Schöpfungsgeschichte wörtlich nimmt. An mich, die

Evolution, glauben dagegen in Deutschland über achtzig Prozent der Bevölkerung. Die Lehre von der Evolution hat sich in Europa also weitgehend durchgesetzt.

Diese Lehre beinhaltet im Wesentlichen die Geschichte der Entwicklung der Arten, wie sie James Darwin, der Schöpfer der Evolutionslehre, schilderte: als Prozess der Veränderung und Auswahl, der Milliarden von Jahren dauerte und zur heutigen Vielfalt von Lebensformen geführt hat.

Dass es so abgelaufen ist, wird hier zu Lande kaum mehr bezweifelt. Uneins ist man sich nur noch darüber, ob ich, die Evolution, einfach nur gleichsam ein Instrument in der Hand Gottes bin, woran etwa jede(r) Dritte glaubt, oder ob man mich als selbständiges Wesen betrachten soll, auf das keine Gottheit Einfluss hat, was ungefähr von der Hälfte der Bevölkerung als das richtige Modell zur Erklärung der Geschichte von Welt und Leben betrachtet wird.

Anders als in Amerika, wo eine Mehrheit mich bestenfalls für eine interessante, wenn auch keineswegs bewiesene Theorie hält, leugnet in Europa also kaum jemand meine Existenz, und zwar unabhängig davon, ob man mir ein enges Verhältnis zu Gott andichtet oder mich als selbständige Existenz anerkennt. Das Dumme ist nur, dass mich kaum jemand kennt, weshalb mir nur wenige eine Existenz als eigenes Wesen zuerkennen.

Das liegt daran, dass die meisten Menschen, sofern sie sich überhaupt Gedanken über mich und meine Existenz machen, eine sehr reduzierte Sicht von mir haben. Genau gesagt nehmen sie an mir nur gerade zwei Züge wahr: den blinden Zufall bei der Produktion von Mutationen und das brutale Ausleseprinzip gemäß dem Recht des Stärkeren.

Dass diese beiden "Charakterzüge" von mir, auf die wir zurückkommen werden, nicht gerade zu meiner Attraktivität beitragen, verstehe selbst ich. Wer möchte schon jemandem zuhören, dessen Wesen von Willkür und Brutalität geprägt erscheint?

Zu meiner Entlastung möchte ich Sie einfach auffordern, für einen Moment die Augen von der Buchseite zu heben und einen Blick in die Welt der Lebensformen zu werfen. Wenn bei Ihnen draußen nur Beton zu sehen ist und Sie keine Zeit für einen Besuch des Zoos oder botanischen Gartens haben, genügt notfalls auch ein Blick in den Spiegel...

Alles, was Sie dabei sehen, ist das Werk meines Waltens. Ohne mich gäbe es keine Pflanzen und keine Tiere, ja nicht einmal Milchstraßen oder chemische Elemente. Und schon gar nicht gäbe es jene seltsamen Wesen, die ihre Gedanken über mich aufschreiben, oder jene, welche diese Gedanken lesen, so wie Sie.

Sagen wir es doch in aller erforderlichen Deutlichkeit: Ohne mich gäbe es Sie nicht.

Ich höre schon Ihren möglichen Einwand, wonach das zwar richtig sei, wenn dabei an Ihre biologische Existenz gedacht werde, sei diese doch tatsächlich nicht ohne die Evolution von den Einzellern bis hin zum Menschen denkbar. Doch Sie seien schließlich mehr als ein biologisches Wesen, zu Ihrer Persönlichkeit hätten vielmehr die Errungenschaften der menschlichen Kultur entscheidend beigetragen.

Kultur, so könnten Sie weiter argumentieren, sei jene menschliche Errungenschaft, die den Menschen weit über das hinaus hebe, was die biologische Evolution zustande gebracht habe. Menschen seien als Abkömmlinge von Affen zwar Geschöpfe der Evolution, hätten sich aber von ihr weitgehend emanzipiert.

Verzeihung, aber wer sagt Ihnen denn, ich, die Evolution, hätte nicht auch bei der Entwicklung der menschlichen Kultur meine Finger im Spiel gehabt? Ist nicht eher die Vorstellung, ich hätte mit der Evolution des menschlichen Gehirns meine Arbeit eingestellt und mich nicht mehr darum gekümmert, was der Mensch daraus macht, eher absurd?

Denn natürlich sind all die grandiosen und weniger schönen Manifestationen menschlicher Kultur nicht über Nacht entstanden, ob es nun um Sprachen geht oder um die Art, ein Wirtschaftsunternehmen zu gestalten und zu organisieren. All dies ist vielmehr das Ergebnis einer langen Entwicklung – und nichts anderes bedeutet mein Name.

Zu Klagen habe ich in diesem Punkt allerdings keinen Grund. Immer mehr hellere Köpfe anerkennen die Existenz dessen, was richtigerweise *kulturelle Evolution* genannt wird. Mein Spiel reicht also tatsächlich nicht nur bis in die Milchstraße und den Zoo, sondern auch in die Küchen und Chefetagen.

Diese Einsicht hat Konsequenzen. Wenn mein evolutionäres Spiel schon in Physik und Geologie, in Chemie und Biologie, denselben Grundsätzen und Regeln folgt, dann ist anzunehmen, dass das auch für die Kultur gilt. Diese Grundsätze und Regeln zu verstehen, heißt also, die eigene Kultur besser zu verstehen.

Und zu dieser Kultur gehören auch Antworten auf die Frage, wie man Unternehmen führen soll. Ich wage in diesem kleinen Buch die These, evolutionäre Unternehmensführung, also solche im Geist meiner Grundsätze und Regeln, sei bessere Unternehmensführung. Damit Sie mir das glauben können, brauche ich Ihre Aufmerksamkeit. Ich danke Ihnen dafür im voraus.

Von der Milchstraße zur Chefetage

Eines der größten Probleme der Menschen im Umgang mit mir, der Evolution, ist es sicher, dass die meisten Menschen vornehmlich in der Kategorie dessen wahrnehmen und denken, was *ist*. Bei mir dagegen steht aus nahe liegenden Gründen die Frage im Zentrum, was *wird*.

Die meisten Menschen finden das, was sie so, wie es ist, vorgefunden haben, ganz normal, und stellen es deshalb auch nicht in Frage, egal, ob es sich nun um politische Verhältnisse handelt oder um den Führungsstil in einem Unternehmen. Was ist, wie es ist, gilt als selbstverständlich, und Selbstverständlichkeiten sind der menschlichen Wahrnehmung nicht zugänglich.

Dabei sind zu allem Bestehenden grundsätzlich immer auch Alternativen denkbar, natürlich auch in der Unternehmensführung. Ein Gespür für solche Alternativen können Menschen am ehesten entwickeln, wenn sie sich fragen, wie das Bestehende *geworden* ist.

Wenn Sie das tun und in Gedanken in der Zeit zurück reisen, weit, bis zu den Anfängen, dann kommen Sie meinem Geheimnis leicht auf die Spur: Die ganze Geschichte der Welt und der Menschheit besteht aus Wandel und Entwicklung, zeigt das Walten der Evolution, mein Walten.

Selbstlob stinkt, ich weiß, doch ein bisschen stolz bin ich schon darauf, was dabei in ein paar Milliarden Jahren herausgekommen ist. Machen wir doch zur Demonstration eine kleine Zeitreise im Eiltempo.

Am Anfang war bekanntlich der Urknall. Fragen Sie mich jetzt nicht, was davor war und warum es diesen überhaupt gab. Das liegt selbst für mich im Dunkeln, wie könnten es da die Menschen mit ihrer beschränkten Auffassungsgabe wagen zu behaupten, sie wüssten, was da los war?

Wenn wir schon dabei sind: Es lohnt sich überhaupt, meine Geschichte zunächst möglich neutral und ohne voreilige Werturteile zu betrachten. Vergessen Sie also für den Moment die Fragen nach meinem Woher und Wohin, nach dem Warum und dem Wozu, nach Sinn und Zweck, und betrachten Sie einfach den kleinen Film der Evolutionsgeschichte im Zeitraffer.

Auch mein Woher liegt nämlich im Dunkeln, ich weiß nur, dass ich etwa gleichzeitig mit dem Urknall da war. Und schon begann ich, aus der Ursuppe Elementarteilchen zu bilden. Dank winziger Ungleichheiten in deren Verteilung gab es erste Klumpen, aus denen sich später Sterne und Milchstraßen bildeten.

In den Sternen wurden aus einfachen Atomen komplexere gebacken, aus Physik wurde Chemie. Um manche Sterne begannen Planeten zu kreisen, und auch sie waren der Evolution unterworfen. Die Runzeln von Mutter Erde sind das Ergebnis meines Waltens.

All diese evolutionären Prozesse im Weltall und auf der Erde laufen natürlich unverdrossen weiter, doch irgendwann haben sie begonnen, mich zu langweilen, vor allem auch, weil geologische Evolution so unendlich lange dauert. Deshalb habe ich mich dann einer wesentlich schnelleren Evolution zugewandt, nämlich jener des Lebens.

Von den ersten einfachen Einzellern ausgehend habe ich in rund dreieinhalb Milliarden Jahren eine wahrlich imposante Fülle an Lebensformen hervor gebracht. Viele davon gibt es längst nicht mehr, manche hatten sich einfach überlebt, andere hatten Pech. Ich bin da völlig unparteiisch. Wohl bringe ich immer neue Lebensformen hervor, doch dann müssen diese selber schauen, wo sie bleiben, denn ich schaue einfach zu.

Und so kam ich irgendwann auf den Menschen. Was heißt hier irgendwann, verglichen mit der ganzen Dauer meiner Existenz ist der Mensch ein absoluter Frischling, entstanden sozusagen erst während des letzten Lidschlags meines langen Lebens. Wie lange es diese Gattung aushält, wird sich also erst noch weisen müssen.

Wie dem auch sei, ich kann jedenfalls nicht verhehlen, dass mir dieser jüngste Spross meiner spielerischen Versuche, neue Arten zu produzieren, viel Freude bereitet. Das liegt vor allem daran, dass ich immer ungemein neugierig darauf bin, was aus meinen Neuschöpfungen wird. Je schneller ich dabei Resultate sehe, desto besser.

Mit dem Menschen nun ist mir dabei ein glänzender Wurf gelungen, denn der Mensch entwickelt sich nicht mehr über biologische, sondern über *kulturelle Evolution*. Und die ist deutlich schneller als ihr Vorgängermodell. Was es sogar dem Menschen selbst erlaubt, sie zu sehen.

Natürlich muss man schon ein ziemlich verblendeter Mensch sein um zu übersehen, dass es auch im Tierreich schon viele Ansätze von Kultur (im weitesten Sinne) gibt: Werkzeuggebrauch. Nesterbau. Vorratshaltung. Ansätze von Sprache. Komplexe Sozialstrukturen. Erst mit dem Menschen aber wurden diese Ansätze so weit entwickelt, dass daraus ein qualitativer Sprung wurde. Erst der Mensch hat sich wegen seiner kulturellen Leistung an die Spitze der Machtpyramide unter den Lebensformen setzen können.

Wie meinen eigenen Namen Evolution sehe ich auch den Begriff der Kultur völlig neutral. Dazu gehören so nützliche und köstliche Dinge wie die Entwicklung der Koch- und Essenskultur ebenso wie die "Errungenschaften" der "Kriegskunst". Zur Kultur zählen die Meisterwerke aus Musik, Literatur und Kunst ebenso wie der "Bullshit", der täglich zäh aus (fast) allen Fernsehkanälen tropft.

Vor allem aber gehören zur Kultur alle Regelungen des menschlichen Zusammenlebens, von der Familie über die Gemeinde und den Staat und darüber hinaus. Und weil die Wirtschaft eine elementare und zentrale Form menschlichen Zusammenlebens ist, bildet die Art, wie die Menschen ihre Wirtschaft organisieren, ebenfalls ein wichtiges Element von Kultur.

Bis zu meiner Entdeckung durch Darwin glaubten die Menschen, alle Pflanzen und Tiere seien immer schon so gewesen wie heute. Genau so glauben die meisten Menschen heute, die Art, wie Wirtschaft organisiert ist und Unternehmen geführt werden, sei immer schon so gewesen und darum auch unveränderlich.

Welch ein Irrtum! Auch Unternehmensführung ist ein Kind der kulturellen Evolution. Das könnte man auf den Chefetagen ruhig mal zur Kenntnis nehmen.

Propheten haben es oft schwer. Meiner auch. Als James Darwin damals seine Evolutionstheorie vorlegte, stieß er auf blankes Entsetzen. Überliefert ist jene Dame aus Adelskreisen, die darum betete, die Vorstellung, der Mensch stamme vom Affen ab, möge nicht wahr sein. Falls sie aber doch wahr sei, möge man sie bitte unbedingt vor dem gemeinen Volk verstecken.

Sehr viel weiter sind die Menschen noch immer nicht. In vielen Köpfen spukt noch die Vorstellung, der Mensch sei als "Krone der Schöpfung" etwas ganz Besonderes, meilenweit erhaben über den Rest des irdischen Lebens. Ja, viele glauben unverdrossen, ihr freier Wille sei völlig unabhängig von ihrem Erbe aus der biologischen und kulturellen Evolution. Ich gehe allerdings davon aus, dass Sie nicht dazu gehören...

Fast noch schlimmer aber ist, was alles aus der Lehre meines Propheten gemacht wurde. Da wurde so viel missverstanden und verdreht, dass es kein Wunder ist, wenn "Darwinismus" zum Schimpfwort wurde, bei dem jede und jeder zunächst einmal an das Schlagwort vom *Überleben der Stärksten* denkt.

Dabei hatte Darwin ganz richtig erkannt, dass meine Wirkung auf *zwei* Säulen beruht, nämlich Veränderung und Auswahl. Ich schmeiße gleichsam alle möglichen Veränderungen in den Testmarkt der Auswahlprozesse, um so herauszufinden, welche neuen Modelle sich am besten bewähren. Umgekehrt liefert das Auswahlverfahren auch wieder wertvolle Impulse, um Veränderungen in Gang zu setzen. Veränderung und Auswahl gehören also unabdingbar zusammen.

Meine Wenigkeit, die Evolution, einfach auf die eine Säule zu reduzieren, ist also ein krasses Missverständnis, von dem ich nur nie weiß, ob es aus Fahrlässigkeit oder aus Boshaftigkeit entstanden ist. Fest steht nur, dass diese Vergewaltigung von Darwins Ideen etlichen Leuten sehr zupass kam.

Vergessen wir nicht: Entdeckt wurde ich in den Zeiten des so richtig beginnenden Kapitalismus. Das waren raue Zeiten, in denen tatsächlich das Recht des Stärkeren galt. Was Wunder, dass denen, die dabei auf der Siegerseite standen, die Idee sehr willkommen war, dieses Recht des Stärkeren sei ein Naturgesetz, weil auch in der Evolution immer nur die Stärksten überleben. Daraus entstand jene Ideologie, die Sozialdarwinismus genannt wird: Wer mit allen Mitteln im Wettbewerb seine Stärken ausspielt, handelt naturgemäß.

Nun muss ich allerdings zugeben, dass in der Geschichte der kulturellen Evolution dieses Prinzip tatsächlich eine große Rolle gespielt hat. Das gilt im Umgang Einzelner miteinander, vor allem aber auch im Wettbewerb von Gemeinschaften: Im Krieg geht es wirklich nur darum, wer der Stärkere ist.

Fatalerweise hatten die Pioniere des Frühkapitalismus kein anderes Muster zur Verfügung als eben jenes einer Armee, als sie sich fragten, wie man ein Unternehmen so organisiert, dass es optimal für den harten Wettbewerb gerüstet ist. Die Antwort war klar: Wie eine Truppe.

Die Auswirkungen sind bis heute spür- und vor allem hörbar, ist doch der Jargon, den Wirtschaftskapitäne benutzen, nach wie vor tief von der militärischen Sprache durchtränkt. Man will für den Wettbewerb gerüstet sein und stellt so eine schlagkräftige Truppe auf, um neue Märkte zu erobern. Wenn ich das höre, kann ich nur mit Hermann Hesse ausrufen: Freunde, nicht diese Töne!

Denn, nicht wahr, Sprache lässt immer auf Denken und Mentalität schließen. Und das lässt mich befürchten, dass militärisches Denken in der Wirtschaft noch immer weit verbreitet ist. Darauf kann man auch schließen, wenn man sich anschaut, wie große Unternehmen noch immer organisiert sind, nämlich wie eine Armee mit klaren Strukturen und Hierarchien, mit festgelegten Wegen für Informationen und Befehle (vorzugsweise von oben nach unten), mit einer festgelegten Gliederung in Generäle, Offiziere, Unteroffiziere und gemeines Fußvolk.

Das führt natürlich dazu, dass das Prinzip des Überlebens des Stärksten nicht nur extern gilt, im Wettkampf mit der Konkurrenz, sondern auch intern, wo sich jeder möglichst weit nach oben boxen will.

Ist das wirklich alles, was man aus der kulturellen Evolution für die Unternehmensführung lernen kann, dieses Prinzip des Überlebens des Stärksten? Zum Glück nicht. Ich habe aus meinem Erfahrungsschatz noch eine ganze Menge mehr zu bieten.

Zunächst möchte auf einen simplen Übersetzungsfehler verweisen: Darwins "Survival of the Fittest" kann man nicht einfach mit „Überleben des Stärksten" übersetzen, heißt *fit* doch eigentlich *geeignet, passend*. Rohe Stärke nun kann in manchen Situationen am besten geeignet sein, um zu überleben. Doch was gestern noch eine wirksame Waffe war, kann sich heute als unnötiger, ja hinderlicher Ballast erweisen – denken Sie nur an die Ritterrüstung.

Wer als Wirtschaftsführer täglich mitten im harten Konkurrenzkampf steckt, mag glauben, der evolutionäre Wettbewerb in der Wirtschaft sei wirklich ausschließlich ein Kampf aller gegen alle, und in dieser Situation mag dic totale Entfesselung der eigenen Kräfte (der Starke ist am stärksten allein!) als beste Strategie erscheinen.

Dabei vergisst man allerdings meine andere Seite, also die entscheidende Frage, welche Veränderungen am fittesten für das Überleben machen. Sind es jene, welche den Einzelkämpfer noch stärker machen? Manchmal ja. Aber längst nicht immer.

Schon in der biologischen Evolution, vor allem aber dann auch in der kulturellen, kann man, wenn man will, unschwer sehen, dass eine ganz andere Strategie mindestens so erfolgreich sein kann. Diese Strategie beruht auf Austausch und Vernetzung, auf Dialog und Kooperation zum allseitigen Nutzen.

Etwa eine Milliarde Jahre lang habe ich zugeschaut, wie die Einzeller sich redlich abmühten, als solche zu überleben. Erst dann kamen die Jungs auf die Idee, man könne sich eigentlich auch zusammenschließen. Daraus entstand ein so komplexes und wundersames Organ wie das Gehirn des Menschen mit seinen Milliarden Zellen. Nutzen Sie doch dieses Organ mal dazu, Alternativen zur militärischen Unternehmensführung zu suchen...

Der größte Unterschied zwischen meiner evolutionären Art zu ticken und dem zur Zeit gängigen Geist im
Management liegt in der Zeitperspektive. Während die
großen Unternehmen vierteljährliche Erfolgsrechnun-
gen erstellen, bin ich es mir gewohnt, in weitaus größe-
ren Zeitmaßstäben zu denken und zu handeln.

Die physikalische, chemische und geologische
Evolution ist nur in Jahrmilliarden zu erfassen. Auch die
biologische dauerte viele Hunderte von Millionen
Jahren. Bis sich der Mensch aus seinen Vorfahren zum
heutigen Modell entwickelte, dauerte es immer noch ein
paar Millionen Jahre, und selbst die viel schnellere
kulturelle Evolution brauchte ein paar Jahrzehntau-
sende.

Wohl hat sich die kulturelle Evolution, also die
Entwicklung von Technik, Wirtschaft und Gesellschaft,
in jüngerer Zeit unzweifelhaft beschleunigt. Dennoch
fällt es mir schwer zu glauben, man könne den Erfolg

beim Überleben eines Unternehmens quartalsweise beurteilen. Da scheint mir, aus meiner Sicht, ein schwerer Denkfehler vorzuliegen.

Der Fehler liegt darin, dass man als den entscheidenden Zweck eines Unternehmens die Erzielung von möglichst hohen Gewinnen betrachtet. Natürlich braucht ein Unternehmen Gewinne, aber nicht als Selbstzweck, sondern als Mittel zum Zweck. Und dieser Zweck, dieser höchste Sinn eines Unternehmens kann aus evolutionärer Sicht einzig und allein darin bestehen, zu überleben, und zwar so lange wie möglich.

Evolutionär gesehen ist ein Unternehmen nichts anderes als ein sozialer Organismus, den Gesetzen von Werden und Vergehen unterworfen, und dabei erpicht darauf, sich durch Wandel und Anpassung möglichst lange auf dem Spielfeld zu behaupten.

Ob dieses Mitspielen längerfristig erfolgreich verläuft, lässt sich natürlich anhand von Quartalszahlen unmöglich beurteilen, dafür braucht es Jahre, ja Jahrzehnte. Ja, es ist sogar so, dass die Erzielung kurzfristiger Gewinne in krassem Gegensatz zu den langfristigen Interessen des Unternehmens stehen kann. Die Fixierung auf kurzfristige Gewinnziele kann dann den nachhaltigen Unternehmenserfolg ernsthaft gefährden.

Das wissen viele Manager sehr wohl. Sie sind sich bewusst, dass sie eigentlich viel Zeit dafür aufwenden müssten, sich mit der mittel- und längerfristigen Zukunft ihres Unternehmens zu beschäftigen, um dessen nachhaltigen Erfolg zu sichern – doch sie tun es nicht. Zu stark ist der Sog der aktuellen, so genannt dringenden Probleme. Deshalb siegt im Zweifelsfall immer die Kurzsichtigkeit über die nachhaltige Perspektive. Der lange Atem, den ich in meinem evolutionären Walten brauche, wird zur Kurzatmigkeit.

Mich deucht, es gäbe für dieses unerfreuliche Phänomen, das so gar nicht in meinem Sinne liegt, noch einen tieferen Grund: die Angst der Manager vor Kontrollverlust.

Denn nicht wahr, im hektischen Alltagsgeschehen lässt sich die Illusion, die Manager hätten die Kontrolle, noch einigermaßen aufrechterhalten. Fasst man einen etwas weiteren Zeithorizont ins Auge, werden die Dinge zwangsläufig viel komplexer, und es wirken Faktoren auf die Unternehmensentwicklung ein, die sich sicher nicht kontrollieren lassen. Kurzum, die Gegenwart hat man im Griff, die Zukunft nicht.

Das nun wiederum passt überhaupt nicht in das Bild vom Manager als militärischem Führer, dem viele noch immer explizit anhängen und noch mehr unbewusst. Ein Unternehmen, das wie eine Armee aufgebaut ist, lebt von möglichst effizientem Befehlsfluss und damit von wirksamer Kontrolle der Organisation. Wenn der General die Kontrolle über seine Truppen verliert, ist die Schlacht schon verloren.

Bevor ich hier jetzt weiter über die Untauglichkeit des hierarchischen Modells von Management und Unternehmensführung schimpfe, möchte ich doch festhalten, dass dieses Modell eine sehr erfolgreiche Schöpfung von mir war. Es hat immerhin erstmals in der Geschichte der Menschheit die massenhafte Produktion von Gütern und Dienstleistungen ermöglicht, die für die meisten Menschen begehrenswert erscheinen.

Der dadurch ermöglichte massenhafte Konsum hat das Wohlstandsniveau der Menschen, jedenfalls in den privilegierten Breitengraden, in einem noch vor hundertfünfzig Jahren undenkbaren Maß angehoben. Das wollen wir doch nicht vergessen. Sie und ich könnten heute nicht über alternative Modelle von

Unternehmensführung nachdenken, wenn das bisher übliche Modell nicht hervorragend funktioniert hätte.

Nur eben: Was einmal gut und richtig war, muss das nicht für immer bleiben. Immerhin sind die seelischen und geistigen Kosten für jene Menschen, die in paramilitärisch organisierten Unternehmen arbeiten, enorm. Wer eintritt, muss am Werkstor seine Persönlichkeit abgeben und erhält dafür eine Uniform und eine Nummer. Bezahlt wird er ausschließlich für das Einbringen strikt limitierter Fähigkeiten, alles, was darüber hinausgeht, wird als Störung des reibungslosen Funktionierens betrachtet.

Das engt die Entfaltung der so arbeitenden Menschen natürlich extrem ein. Sie werden auf ihre Rolle als Rädchen in einer Maschinerie reduziert, statt sich als Ganzes zum Wohle des sozialen Organismus Unternehmen einbringen zu können. Und da Menschen nach Selbstverwirklichung streben, empfinden sie sich dadurch eingeengt und gehemmt.

Darauf konnte die industrielle Produktionsmaschinerie, die selbst im Dienstleistungssektor noch immer das Vorbild liefert, natürlich keine Rücksicht nehmen. Brauchte sie auch nicht, schließlich waren vor allem standardisierte einfache Handgriffe und Denkleistungen gefragt.

Die Wirtschaft von heute und noch mehr von morgen dagegen verlangt immer komplexere Fähigkeiten von ihren Mitarbeiterinnen und Mitarbeitern. Diese tragen als Organe nur dann zum Wohl des ganzen Organismus bei, wenn sie sich ganz einbringen können. Das wiederum verlangt nach einer ganz anderen, evolutionären Unternehmensführung.

Bis sich diese Erkenntnis durchgesetzt hat, braucht es einen langen Atem. Ich habe ihn. Sie auch?

Es gibt zwei Orte, an denen sich die Menschen von heute einen Überblick darüber verschaffen können, was ich, die Evolution, so alles an dem hervorgebracht habe, was da kreucht und fleucht: das naturhistorische Museum und den Zoo.

Beide zeigten meine Geschöpfe bisher weitgehend als isolierte Einzelwesen im nackten Käfig oder in einer leeren Vitrine. Das ändert sich gerade. Mehr und mehr werden ganze Biotope und Ökosysteme gestaltet und präsentiert, so dass mindestens eine Ahnung davon aufkommt, dass einzelne Individuen und ganze Arten nie denkbar sind ohne ein Zusammenspiel mit anderen.

Dieser Wechsel der Perspektive liegt natürlich ganz in meinem Sinne. Wobei mir auch klar ist, dass es Zeit brauchen wird, bis er sich aus der Nische einiger fort-schrittlicher Zoologen ins allgemeine Bewusstsein ausgebreitet hat.

Das Festhalten der Menschen an der Überzeugung, die Wirklichkeit bestünde in erster Linie aus isolierten Gegenständen oder Wesen, hat einen ebenso einfachen wie tief sitzenden Grund, nämlich das menschliche Bewusstsein von sich selbst. Dieses erlebt sich, wie es mal ein kluger Kopf formulierte, als *hautverkapseltes Ego*.

Das bedeutet, dass der Mensch sich als stabiles Ich empfindet, das von der Außenwelt deutlich durch die eigene Haut abgegrenzt ist. Was außerhalb davon ist, ist Nicht-Ich, innerhalb der Haut dagegen herrscht das eigene Ich.

Dieses Unterscheidungsmerkmal übertragen die Menschen automatisch auf ihre Wahrnehmung der Welt, indem sie auch dort nach abtrennbaren Einheiten suchen. So entstand die Suche nach den Atomen als kleinste untrennbare Einheit der Materie. Längst wissen wir, dass es noch viel kleinere Elementarteilchen gibt, ja, dass diese kaum noch als wirkliche Teilchen verstanden werden können, sondern als Geflecht von Wahrscheinlichkeiten und Beziehungen wahrgenommen werden sollten.

So weit brauchen wir uns aber gar nicht in die für Laien ohnehin kaum verständliche Welt des unendlich Kleinen zu begeben. Ein Blick in das Große und das Mittlere tut es auch, wenn ich Ihnen zeigen will, dass ich nicht abgetrennte Einheiten hervorbringe, sondern Beziehungen.

Das heißt, natürlich gibt es beides, aber besser bin ich, wenn ich in erster Linie auf Beziehungen setze. Nehmen wir zum Vergleich unsere Milchstraße und das menschliche Gehirn. Beide bestehen aus etwa hundert Milliarden einzelnen Einheiten, wobei es sich im einen Fall um Sterne handelt, im anderen um Gehirnzellen. Die genauen Zahlen sind unwichtig, es zählen hier nur Größenordnungen.

In der Milchstraße sind die einzelnen Sterne voneinander weitgehend isoliert. Natürlich gab es in sehr langen Zeiträumen einen Austausch von Sternenmaterial, doch wir wissen auch, dass die Kontaktaufnahme mit möglichen anderen intelligenten Lebensformen in unserer Milchstraße unendlich schwer sein dürfte – es gibt einfach zu wenig Kommunikation und zu große Distanzen.

Ganz anders geht es im komplexesten Stück Materie im Ihnen bekannten Universum zu, im „Drei-Pfund-Universum", dem menschlichen Gehirn. Das leistet ja nicht so viel, wie es tut, weil die einzelnen Gehirnzellen besonders intelligent wären. Vielmehr beruht seine Leistungsfähigkeit auf einer unvorstellbar großen Anzahl Verbindungen zwischen den einzelnen Gehirnzellen. So wenig wir noch immer über dieses rätselhafte Organ wissen, so sehr steht doch fest, dass sein Geheimnis in seiner Netzstruktur liegt, in der Verbindung von Allem mit Allem.

Und nun schauen Sie mal, was bei diesem Vergleich herauskommt. Nichts gegen die Milchstraße, sie ist in einer dunklen Nacht wunderhübsch anzuschauen, und sie gewährt uns Gastrecht in einem ihrer unbedeutenden und abgelegenen Winkel. Doch wenn Sie in ihr nach Spuren von Intelligenz oder Kreativität suchen, werden Sie Mühe haben.

Das menschliche Gehirn dagegen hat so intelligente und kreative Gebilde wie Theater und Fußballclubs oder wie Universitäten und Wirtschaftsunternehmen hervor gebracht. Gebilde notabene, die ihrerseits ebenfalls auf dem Prinzip der Vernetzung nach innen und außen beruhen, denn schließlich werden Stärke, Intelligenz und Kreativität von Unternehmen nicht so sehr durch einzelne Köpfe bewirkt, sondern durch deren Zusammenspiel.

Und auch das reicht noch nicht. Ein Unternehmen ist wie jedes soziale Gebilde auch auf einen regen Austausch mit der Außenwelt angewiesen, wenn es überleben will. Erst ein intensives Beziehungsgeflecht nach innen wie nach außen macht ein erfolgreiches Unternehmen aus.

Das ist so offensichtlich, dass es eigentlich kaum zu übersehen ist. Trotzdem wird es übersehen, gerade von Unternehmensführern. Der Grund dafür ist einfach: Komplexität.

Denn die Wahrnehmung des Unternehmens als Beziehungsgeflecht hat einen Haken. Intensive Beziehungen zwischen vielen Elementen schaffen einen enormen Grad an Komplexität. Schon eine Dreiecks-Beziehung zu managen, ist bekanntlich hoch komplex. Und diese Komplexität wächst gegen unendlich, je mehr Elemente und damit Beziehungen dazu kommen. Das liegt einfach in der Natur der Sache.

Das Problem nun für die Unternehmensführer besteht darin, dass man Komplexität nicht wirklich managen kann. Ein hoch komplexer Organismus hat kein Lenkrad und keine Steuerschrauben. Wirkliche Kontrolle über ihn ist deshalb unmöglich.

Diese Einsicht macht Menschen, die von der Illusion leben, sie könnten ein Unternehmen wirklich steuern und managen und kontrollieren, naturgemäß zunächst Angst, denn wie soll man ein Unternehmen führen, wenn man es weder steuern noch kontrollieren kann?

Auch dazu findet sich eine erste Antwort in unserem Gehirn. Nach allem, was wir wissen, besitzt dieses Organ, das ja noch viel komplexer ist als ein Unternehmen, kein zentrales Steuerungs- oder Kontrollorgan, das von oben alles lenkt. Und dennoch funktioniert es offenkundig. Daraus ließe sich vielleicht etwas lernen...

Das Lottozahlen-Prinzip

Wie soll man mit Komplexität umgehen, wenn man sie nicht managen kann? Vor dieser Herausforderung steht jeder Wirtschaftsführer. Mit Verlaub gesagt: Ich, die Evolution, stand von Anfang an vor dieser Herausforderung. Wenn Sie also auf der Suche nach Alternativen zum Managen von Komplexität sind, kann ich Ihnen dazu schon einiges erzählen.

Aber vielleicht interessieren Sie ja die Erfahrungen jener noch mehr, die sich beruflich mit Komplexität befassen, also etwa jener Wissenschaftler, die so etwas wie „künstliches Leben" oder „künstliche Intelligenz" erschaffen wollen.

Am Anfang wollten sie das gleich mit dem „Nachbau" von komplexen Formen von Leben oder Intelligenz tun, doch das Vorhaben scheiterte grandios. Wir wissen warum. Doch dann kam eine Phase der Besinnung: Um Komplexität gestalten zu können, muss man sie verstehen.

Zu diesem Verständnis nun gehört in erster Linie eine ebenso einfache wie paradoxe Einsicht: Das Komplexe entsteht aus dem Einfachen. Es braucht nicht mehr als ein einfaches Grund-Element und ein paar einfache Regeln, um ein komplexes Spiel entstehen zu lassen.

Spiel ist ein gutes Stichwort, um dieses Phänomen zu illustrieren. Nehmen Sie etwa das Lottospiel. Das Grund-Element ist klar und einfach: Die natürlichen Zahlen von 1 bis 45 oder 49. Dasselbe gilt für die Spielregel: Wähle daraus sechs Zahlen so aus, dass sie jenen entsprechen, die zu einem bestimmten Zeitpunkt aus einer Lostrommel gezogen werden.

Die Konsequenzen aus Spielmaterial und Spielregel frustrieren Samstag für Samstag Millionen von Lotto-spielern. Denn, was kaum jemand wirklich zu glauben vermag, aus dieser Kombination entstehen Millionen von Möglichkeiten, was die Wahrscheinlichkeit eines Millionengewinns leider enorm reduziert.

Und das nur, weil man 6 Zahlen aus 49 auswählen soll, wobei noch nicht mal deren Reihenfolge eine Rolle spielt. Schon entsteht ein komplexer Raum von möglichen Spielausgängen.

Oder nehmen Sie ein anderes Spiel, Fußball. (Sie verzeihen bitte diesen Seitenpfad, aber während ich diese Zeilen schreibe, findet gerade eine Weltmeister-schaft statt...) Auch da: einfachstes Grund-Element, ein abgegrenztes Spielfeld, zwei Tore, ein Ball, 22 Spieler. Und dazu ein paar wenige Regeln, die jedes Kind versteht.

Trotz dieser einfachen Ausgangslage gleicht kein Fußballspiel einem anderem. Auch hier entsteht aus dem Einfachen Komplexes, und dies, obwohl, wenn es einmal angepfiffen ist, kein Trainer und kein Manager mehr das Spiel steuern oder kontrollieren kann.

Oder nehmen Sie mein eigenes Spiel der biologischen Evolution. Auch das basiert auf einem ganz einfachen Grund-Element, den Genen, und einer einfachen Sprache aus vier Buchstaben als Spielregel. Dass aus etwas im Grunde so Einfachem eine komplexe Vielfalt an Lebensformen werden konnte, können Sie im nächsten Zoo oder in Ihrer Nachbarschaft leicht feststellen.

Die erwähnten Erforscher von künstlichem Leben oder künstlicher Intelligenz haben aus alledem den logischen Schluss gezogen: Statt Komplexität direkt verstehen zu wollen, muss man ihr Grund-Element und die Spielregeln kennen, die zum heutigen Spielstand geführt haben.

Dabei ist „kennen" natürlich zu wenig, es geht tatsächlich darum, Grund-Element und Spielregeln zu *verstehen*. Nur ein vertieftes Verständnis davon ermöglicht es, auf das Spielgeschehen auf eine Weise Einfluss zu nehmen, die jenseits von machtbasierter Steuerung, rationalem Management und systematischer Kontrolle liegt.

Wenn Sie sich schon darauf eingelassen haben, das Verhältnis zwischen dem Einfachen und dem Komplexen verstehen zu wollen, kann ich Ihnen gleich noch ein anderes Müsterchen aus meinem Nähkästchen ausplaudern: Das Komplexe entsteht nicht nur aus dem Einfachen, es schafft auch wieder Einfaches.

Nehmen wir mal an, Sie hätten eine Katze. Diese besteht sicher aus Atomen und Molekülen und Zellen. Doch um Ihre Katze zu verstehen, brauchen Sie sich weder in Physik noch in Chemie noch in Biologie auszukennen, und Sie brauchen auch nicht zu verstehen, wie aus Atomen Moleküle werden und wie aus Molekülen Zellen.

Um Ihre Katze zu verstehen, genügt es, sie als eigenständiges Wesen wahrzunehmen. Dann greifen Sie mit intuitiver Sicherheit zur richtigen Futterdose und geben ihr zur richtigen Zeit genug Streicheleinheiten. Ihr zufriedenes Schnurren wird Ihnen Gewissheit geben, dass Sie Ihre Katze verstanden haben, auch wenn Sie keine Ahnung vom komplexen Zusammenspiel ihrer Zellen haben.

Nützlich zu wissen, dass Komplexität auf einem höheren Niveau wieder Einfachheit schaffen kann, ist es dennoch. So habe ich aus Physik Chemie gemacht und aus Chemie Biologie. Und aus dieser wiederum den menschlichen Geist. Warum also sollte der menschliche Geist nicht wiederum etwas Komplexes schaffen, das auf einer höheren Ebene ganz einfach zu verstehen ist?

Das hat er natürlich längst getan. Ein Unternehmen ist das Ergebnis der kulturellen Evolution, so wie eine Katze das Ergebnis der biologischen Evolution ist. Beide sind hoch komplexe Wesen, die wir jedoch durchaus verstehen können, wenn wir sie sowohl als das Produkt einiger einfacher Grund-Elemente und Spielregeln verstehen, als auch als eigenständige Wesen einer höheren Ordnung.

Ich weiß, das klingt jetzt alles furchtbar kompliziert, was aber nichts macht, weil Sie sich darum gar nicht zu kümmern brauchen. Es geschieht nämlich von ganz alleine. Ich, die Evolution, habe damals die Grund-Elemente und die Spielregeln bereitgestellt, um den Rest brauchte ich mich nicht mehr zu kümmern.

Ist es bei der Entwicklung eines Unternehmens nicht genau so? Niemand hat seinen jetzigen Entwicklungsstand genau voraus geplant – und trotzdem ist es aus meist bescheidenen Anfängen organisch zu dem gewachsen, was es heute ist. Nichts spricht dagegen, dass dieser Prozess weiter gehen wird. Es sei denn, er wird von Unternehmensführern behindert, welche die evolutionären Spielregeln nicht verstehen...

Wenn Sie mich, die Evolution, wirklich verstehen wollen, sollten Sie akzeptieren, dass ich voller – scheinbarer – Widersprüche stecke. Ich liebe das *entschiedene sowohl als auch*, das *zugleich* von Prinzipien, die Ihnen widersprüchlich erscheinen mögen. Aber so bin ich nun mal.

Bestes Beispiel dafür ist die Verbindung von Einheit und Vielfalt, die mir am Herzen liegt. Sie sehen das in der biologischen Evolution. Alles Leben auf der Erde beruht auf denselben einfachen Prinzipien und ist ohne einander nicht denkbar, bildet also in gewissem Sinne eine Einheit.

Meine Tendenz zur Vielfalt ist auf der anderen Seite unübersehbar, wenn Sie an all die Arten denken, die heute als Pflanzen oder Tiere auf der Erde leben, und deren Anzahl gegen unendlich wachsen würde, wenn Sie auch alle längst ausgestorbenen Arten berücksichtigten.

Doch die Vielfalt der Arten hat meinen Drang nach Abwechslung noch keineswegs gestillt. Deshalb habe ich dafür gesorgt, dass es auch innerhalb der Arten Vielfalt gibt. Wer Haustiere kennt, weiß, dass diese sehr individuelle Persönlichkeiten sein können. Und Vorstufen davon in Form deutlich unterscheidbarer Persönlichkeitstypen gibt es schon bei angeblich hirnlosen Wesen wie den Kraken.

Bis in die Tiefen der Meere brauchen Sie allerdings nicht zu tauchen, wenn Sie sehen wollen, wie sehr ich die individuelle Vielfalt liebe, ein Blick auf die Menschen genügt. Es muss ja einen Grund dafür geben, warum jeder Mensch unverwechselbare Fingerlinien oder Muster in der Augeniris hat...

Dass es sehr individuelle organische Muster auch im Stoffwechsel der Menschen oder in ihren Reaktionen auf Medikamente gibt, findet die Medizin allmählich heraus. Doch das alles sind für mich Kinkerlitzchen verglichen mit den Unterschieden in der menschlichen Persönlichkeit.

Sagen wir es so: Geist und Seele des Menschen bieten einfach noch viel mehr Variationsmöglichkeiten als die Biologie. Natürlich gibt es einzelne Elemente der menschlichen Persönlichkeitsunterschiede schon bei Tieren, etwa in Form von mutigeren oder ängstlicheren Exemplaren. Doch die Zahl der Dimensionen, in denen variiert werden kann, ist beschränkt.

Wenn jedoch wie beim Menschen eine stattliche Anzahl zusätzlicher Spielelemente dazu kommt, wirkt das Lottozahlen-Prinzip: Es entsteht eine mannigfache Möglichkeit der Mischung verschiedener Elemente.

Die wenigsten Menschen sind einzigartig wegen einer bestimmten einzelnen Eigenschaft oder Fähigkeit. Fast jedes einzelne Element einer Persönlichkeit findet man auch bei anderen. Selbst herausragende Champions in irgendeiner Sportart wetteifern noch immer mit einer Konkurrenz, die fast so gut ist wie sie.

Unverwechselbarkeit und Einzigartigkeit einer Persönlichkeit entstehen erst durch die Mischung einzelner Elemente. Rum schmeckt auch in unterschiedlichen Varianten ziemlich ähnlich, erst wenn man ihn mit anderen Flüssigkeiten zu einem Mixdrink mischt, entstehen ganz unterschiedliche Geschmäcker.

Und wieder wirkt das Lottozahlen-Prinzip: So wie es zwar nicht unmöglich, aber sehr unwahrscheinlich ist, dass zweimal hintereinander exakt dieselbe Zahlenkombination gezogen wird, so groß ist die Wahrscheinlichkeit, dass es keine exakte Kopie von Ihnen gibt, mit derselben Mischung aus genetischem Erbe und jahrelanger Prägung, mit derselben Kombination von Eigenschaften und Fähigkeiten.

Das ist natürlich genau der Sinn meines Spiels der evolutionären Persönlichkeitsentwicklung: Indem ich eine beschränkte Anzahl einzelner Elemente mische, erzeuge ich eine unendliche Anzahl an Kombinationsmöglichkeiten – und damit Vielfalt.

Vergessen wir nie: Es geht bei diesem Spiel immer auch um das Überleben. Ich setze die unterschiedlichen Varianten auf das Spielfeld und sehe zu, wie sie sich bewähren. Je mehr Variationen dabei zur Verfügung stehen, desto größer ist die Chance, dass einige davon es packen. Klingt brutal, ich weiß, aber so läuft nun mal das Spiel.

Doch wie dem auch sei, wichtig ist allein, dass Vielfalt und damit Unterschiede ganz in meinem Sinne liegen. Nicht nur, aber vor allem auch, wenn es um Persönlichkeiten geht. Wie schon der Franzose sagte: Vive la différence! – Es lebe der (kleine) Unterschied.

Entsprechend sauer reagiere ich, wenn menschliche Unvernunft in ihrem Wahn, alles kontrollieren zu wollen, versucht, diese individuellen Unterschiede zwischen den Menschen und ihren Persönlichkeiten einzuebnen, etwa, indem sie sie in Uniformen steckt. Und damit meine ich jetzt nicht nur solche aus Stoff, sondern auch solche aus Verhaltensvorschriften und Denknormen.

Unvernünftig und gar nicht weise ist das deshalb, weil das Lottozahlen-Prinzip natürlich auch weiter wirkt, wenn unterschiedliche Persönlichkeiten zusammen leben oder arbeiten. Indem sich dort die Vielfalt an Persönlichkeiten verbindet und vernetzt, entstehen zusätzliche Variationsmöglichkeiten, welche die Gemeinschaft intelligenter, kreativer, flexibler, anpassungs- und damit überlebensfähiger machen.

Eine menschliche Persönlichkeit besteht aus einer Vielzahl von Teilpersönlichkeiten, die zusammen eine unverwechselbare Einheit bilden – auch das bedeutet Vielfalt in der Einheit, oder umgekehrt.

Menschliche Persönlichkeiten wiederum, die sich zu einer menschlichen Gemeinschaft zusammen tun, können als Teilpersönlichkeiten gemeinsam die Persön-lichkeit dieser Gemeinschaft bilden.

Natürlich ist eine solche Gemeinschaftspersönlichkeit nicht exakt dasselbe wie eine einzelne menschliche Persönlichkeit. Aber die Ähnlichkeiten sind doch so offenkundig, dass unbefangen von *Marken*- oder *Unternehmenspersönlichkeit* gesprochen werden kann.

Menschen sind nun mal gewohnt, sich und andere als Persönlichkeiten wahrzunehmen, und diese Gewohn-heit übertragen sie auch auf Unternehmen. Zu deren Grundaufgaben dürfte es daher gehören, zu einer eigenständigen Persönlichkeit heranzureifen.

Es soll ja immer noch Leute geben, die mir, der Evolution, die Existenz rundweg absprechen. Ihr hauptsächliches „Argument" gegen mich lautet, eine so komplexe Welt, wie wir sie vorfinden, könne unmöglich spontan oder zufällig entstanden sein. Sie müsse deshalb das Ergebnis planmäßiger Schöpfung sein, wobei als Schöpfer gleich unverblümt „Gott" genannt wird oder aber ein etwas nebulöser „intelligenter Designer".

Auf den ersten Blick hat diese Sicht der Dinge etwas Einleuchtendes. Wenn Sie Ihre Kaffeemaschine oder Ihren Computer benutzen, wissen Sie natürlich, dass diese Dinge nicht spontan und zufällig entstanden sind, sondern das Ergebnis von systematischem Planen und Handeln bilden. Und Sie wissen auch, dass der Aufwand dafür wächst, wenn das Produkt komplexer wird. Ein so komplexes Geschöpf wie den Menschen kann also nur ein göttlicher Designer geschaffen haben.

Die Geschichte, in der die Welt mit einer Maschine verglichen wird, findet übrigens eine Fortsetzung in der Vorstellung, eine Maschine könne nicht von alleine laufen, sie brauche vielmehr Steuerung und Kontrolle und gelegentlich eine Reparatur. Und schon haben wir eine perfekte Begründung dafür, warum es für eine „soziale Maschine" wie ein Unternehmen Manager braucht...

Zusätzlich spukt dabei noch das Bild von Ameisen- oder Bienenstaaten im Kopf herum, die schließlich auch eine Königin bräuchten. Ich erlaube mir darauf hinzuweisen, dass diese Königinnen hauptsächlich zum Ausbrüten des Nachwuchses da sind und keineswegs regieren wie ein menschlicher Staatschef. Und dennoch funktionieren diese Insektenstaaten perfekt, auch ohne Regenten.

Oder denken Sie an die riesigen Schwärme von Vögeln oder Fischen. Kein General sagt dem einzelnen Tier, wo es sich einzuordnen hat, und doch bilden solche Schwärme eine perfekte Ordnung.

Dasselbe Phänomen lässt sich schon im Reich der unbelebten Materie finden. Kristalle etwa wachsen zu ihrer perfekten Form ganz ohne Ingenieur oder Mechaniker, wobei etwa Schneekristalle die zusätzliche Eigenschaft haben, wohl immer schön symmetrisch, aber nie genau gleich zu wachsen. Sollte es wirklich einen himmlischen Schneekristall-Designer geben, der jedes einzelne Exemplar liebevoll selber formt? Da hätte er aber eine Menge zu tun, schließlich gibt es auf unserem Planeten doch die eine oder andere Schneeflocke...

Meiner unmaßgeblichen Meinung nach liegt da ein anderes Erklärungsmodell doch wesentlich näher, nämlich die Idee der *Selbstorganisation*. Ohne diese Idee, so viel vorweg, gibt es kein evolutionäres Denken.

Die Idee der Selbstorganisation zu akzeptieren, ist, wie mir wohl bewusst ist, gar nicht so einfach. Sie ist mit Begriffen wie „spontan" und „zufällig" eng verbunden, und das riecht für die meisten Menschen immer noch nach Chaos. Was sie gar nicht lieben.

Nun habe ich allerdings bereits früher festgehalten, dass das evolutionäre Spiel der Selbstorganisation erst einmal Grund-Element und Spielregeln braucht, auf dass sich aus diesen einfachen Zutaten eine bunte Vielfalt von Spielmöglichkeiten ergebe.

Darüber, woher diese Anfänge stammen, können Sie sich natürlich Ihre Gedanken machen, wenn Sie vor einem vermutlich ewigen Rätsel stehen bleiben wollen. Sie müssen aber nicht. So wenig, wie sich Fußballspieler, wenn sie das Feld betreten, darüber Gedanken machen müssen, woher der Ball oder die Spielregeln kommen. Im Gegenteil, während des Spiels sind solche Gedanken eher hinderlich.

Doch in Momenten wie diesem jetzt können einige Gedanken darüber nichts schaden, dass Selbstorganisation offenbar kein chaotischer Prozess im Sinne völliger Unordnung ist, sondern bestimmten einfachen Regeln folgt und Grund-Elemente braucht.

Im Zuge der kulturellen Evolution haben die Menschen komplexe soziale Organisationen wie Fußballclubs oder Wirtschaftsunternehmen geschaffen und dabei ihre Freiheit genutzt, selber über Spielregeln und Grund-Elemente zu entscheiden. Doch weil die Menschen zu Übertreibungen neigen, haben sie geglaubt, sie müssten auch den ganzen Rest steuern und kontrollieren. Die Idee der Selbstorganisation erschien zu gefährlich, ohne machtvolle Steuerung, rationales Management und systematische Kontrolle drohte die Sache aus dem Ruder zu laufen.

Dabei wäre es doch ganz einfach: Entwicklungsprozesse von sozialen Organismen brauchen beides, also zugleich Führung im Sinne der Bereitstellung von Grund-Elementen und Spielregeln wie auch Raum für Selbstorganisation.

Wieder liefert König Fußball dafür das Beispiel: Die Trainer und Coachs sind im Vorfeld des Spiels natürlich für die Auswahl der besten Spieler und für deren optimale Vorbereitung zuständig und verantwortlich. Doch wenn der Anpfiff ertönt, kann sich das Spiel ihrer Mannschaft nur nach dem Prinzip der Selbstorganisation entfalten – oder gar nicht.

Der Trainer kann dann kaum noch eingreifen, ja, er sieht von seinem Platz aus sogar deutlich weniger als die meisten Zuschauer im Stadion oder gar an den Fernsehschirmen. Wenn er seine Spieler zu sehr auf ein stures System gedrillt hat, werden sie jenen unterlegen sein, die genügend Freiheitsspielräume haben, um sich selber und die eigene Kreativität so entfalten zu können, dass daraus ein genialer Pass in die Tiefe entstehen kann.

Ein guter Trainer schafft also optimale Voraussetzungen für die Selbstorganisation seines Teams, indem er eine kluge Mischung aus einfachen Begrenzungen (Regeln) und freien Entfaltungsräumen vorgibt. Ist das nicht ein wunderhübsches Bild dafür, worum es bei evolutionärer Unternehmensführung geht?

Begnadete Fußballtrainer oder Unternehmensführer haben ein intuitives Gespür für Selbstorganisation. Die anderen können das entwickeln, indem sie sich bewusst mit den elementaren Grundsätzen von Selbstorganisation befassen. Selbstorganisation geschieht zwar tatsächlich von selbst, doch wer sie versteht, kann auf subtile Weise sehr wohl positiven Einfluss darauf ausüben.

An sich habe ich, die Evolution, die Vielfalt menschlicher Sprachen ja nicht dafür geschaffen, dass die eine Sprache gedankenlos möglichst viele Begriffe aus der anderen übernimmt, obwohl es gute eigene sehr wohl gäbe – Sie wissen, ich spreche vom Import englischer Wörter in die deutsche Sprache. Doch es gibt Ausnahmen, wo ein englischer Begriff wirklich mehr sagt als ein deutscher.

Ein Beispiel dafür ist, wenn Sie mir meine Fixierung auf das Thema nachsehen, das Wort für den Fußballplatz. Im Deutschen handelt es sich dabei um das *Spielfeld,* im Englischen um den *playground*.

Nun wissen Sie, wenn Sie meinen bisherigen Ausführungen gefolgt sind, dass ich Spiele liebe. Da liegt es nahe, dass ich mich auch mit dem Ort befasse, an dem diese stattfinden. Dafür liefert das Fußballfeld hübschen Anschauungsunterricht.

Wichtig ist zunächst, dass es sich nicht um eine unbegrenzte Ebene handelt, sondern um ein Feld mit Grenzen. Erst diese Einschränkung macht das Spiel interessant, und so ist es folgerichtig, dass die Mannschaft mit Ballverlust bestraft wird, die ins Aus kickt.

Und auch auf dem Feld selbst gibt es exakt abgegrenzte Zonen, in denen spezielle Regeln gelten: den Straf- und den Torraum. Das erinnert mich an mein Prinzip, wonach nicht in jedem Biotop dieselben Regeln gelten. Einheitslösungen sind mir auch da zuwider.

Wenn wir allerdings das Wort Spielfeld hören, dann denken wir an das, was wir im Stadion oder am Fernseher sehen: eine exakt planierte Ebene, also ein zweidimensionales Gebilde. Und das ist ein eingeschränktes Bild der Wirklichkeit. Der Rasen wächst schließlich nicht auf einer zweidimensionalen Ebene, seine Wurzeln reichen vielmehr in die dritte Dimension, in die Tiefe, in den Grund.

Deshalb mag ich das Sprachbild vom Spiel-Grund, das im Englischen anklingt. Es erweitert unsere Vorstellungen davon, wo evolutionäre Spiele stattfinden, um die dritte Dimension. Und wenn Sie jetzt im Bild noch den Rasen durch einen ordentlichen Baum ersetzen, begreifen Sie eins meiner elementaren Prinzipien: Damit Bäume in den Himmel wachsen können, müssen sie tief im Erdreich verwurzelt sein.

Das gilt im Übrigen ebenso für individuelle Persönlichkeiten wie für soziale Organismen. Auch sie brauchen Wurzeln, eine Verankerung im (Ur)Grund, eine Basis, um sich entfalten zu können. Expeditionen kennen das. Sie kommen nicht ohne ein tragfähiges Basislager aus, von dem aus sie Erkundigungen starten und in das sie danach wieder zurückkehren können.

Woraus besteht dieser Grund, diese Basis der persönlichen Evolution von Menschen oder Unternehmen? Wir könnten seine Elemente zusammengefasst als die *Ressourcen aus der Vergangenheit* bezeichnen.

Dazu gehören der Genpool einer Persönlichkeit (ja, im übertragenen Sinne besitzen auch Unternehmen einen Genpool), ihr Erfahrungsschatz, ihre Geschichte und ihre Geschichten und Mythen, die gespeicherten Gefühle, ihre gelernten und erprobten Fähigkeiten.

All das ist natürlich immer da und wirkt sich auf die weitere Evolution der Persönlichkeit von Mensch oder Unternehmen aus – doch längst nicht immer werden die Existenz dieser Wurzeln und ihre Wirkung bewusst wahrgenommen.

Damit wird es Zeit, dass ich auf eine jener meiner Schöpfungen verweise, auf die ich am meisten stolz bin: das menschliche Bewusstsein. Das mag Sie erstaunen, denn für Sie ist dieses Bewusstsein etwas Selbstverständliches. Wenn Sie nicht gerade schlafen oder sich im Vollrausch befinden, haben Sie ständig ein Bewusstsein von sich selbst, nehmen bewusst wahr, denken an etwas.

Und so fangen Sie allmählich an zu glauben, Ihr Bewusstsein sei das natürliche Zentrum der Welt. Worüber ganz vergessen geht, dass der große Rest des Lebens ganz gut ohne diese Form von Bewusstsein auskommt, ja, dass auch Sie nicht lange überleben würden, wenn Sie sich zur Gänze bewusst steuern müssten – atmen können Sie zum Glück auch, ohne bewusst daran zu denken.

Bewusstsein hat sich dagegen auf zwei Gebieten bewährt, nämlich beim Management von Krisen und bei der strategischen Planung. So lange alles gut läuft, brauchen Sie nicht an Ihre Zähne zu denken – und tun es auch nicht. Bei Zahnweh dagegen können Sie an nix anderes mehr denken, bis Sie nicht beim Zahnarzt waren, und das ist auch gut so. Und dann setzen Sie Ihr bewusstes Denken sinnvollerweise auch noch für die Planung eines besseren Zähneputzens ein...

Wenn Sie also bei der Entwicklung Ihrer Persönlichkeit (egal, ob Ihrer eigenen oder jener Ihres Unternehmens) in einer Krise stecken, oder wenn Sie die Zukunft aktiv gestalten wollen, lohnt es sich, den Suchscheinwerfer bewusster Aufmerksamkeit einzuschalten.

Und dazu gehört eben ganz zentral die bewusste Erinnerung an das eigene Herkommen, an die eigenen Wurzeln, an den eigenen Grund. Sich die eigene Basis bewusst zu machen, ist ein erster Schritt zur sanften Einflussnahme auf die eigenen evolutionären Prozesse. Und darum geht es schließlich.

Doch zurück zum Spielfeld, oder besser zum Spiel-Grund. Grund hat ja in der deutschen Sprache neben der ursprünglichen von Erdreich noch eine zweite Bedeutung und meint dann so etwas wie die Ursache eines Geschehens. Was natürlich auch zur Basis einer Persönlichkeit gehört.

Allerdings wage ich es, Sie zu warnen: Es mag ja tatsächlich für alles einen tiefen Grund geben, auch für Ihre Existenz oder für jene Ihres Unternehmens. Doch diese Gründe liegen eben wirklich tief im Dunkeln verborgen und entziehen sich weitgehend dem bewussten Zugriff. Gründeln Sie also nicht allzu viel...

Ein *Gespür* für die tieferen Gründe der Evolution können Sie allerdings schon entwickeln, und das lässt sich auf Ihre persönliche Evolution oder jene Ihres Unternehmens übertragen. Zusammen mit der bewussten Wahrnehmung Ihrer Ressourcen aus der Vergangenheit bildet das eine solide evolutionäre Basis.

Von der Zukunft angezogen

Ein Segelboot wird, das weiß jedes Kind, vom Wind von hinten geschoben. Und so erleben auch die meisten Menschen ihr Leben: Sie werden von der Vergangenheit von hinten angeschoben. Dabei können uralte genetische Prägungen ebenso wirksam sein wie eine ganz frisch gemachte Erfahrung.

Geschoben zu werden, braucht keine negative Erfahrung zu sein, Segler und Surfer lieben im Gegenteil dieses Gefühl. Und so leuchtet der Gedanke, den ich, die Evolution, im letzten Abschnitt entwickelt habe, den meisten Menschen auch unmittelbar ein: Zukunft braucht Herkunft, evolutionäre Prozesse brauchen einen tragfähigen Grund, sind nicht ohne die Ressourcen aus der Vergangenheit denkbar.

Tatsächlich denken viele beim Wort „Ressourcen" zunächst an Erdölvorräte, und die stammen nun mal eindeutig aus der Vergangenheit. Somit müssen auch persönliche Ressourcen aus der Vergangenheit stammen.

Tun sie auch. Aber eben nicht nur. Manche Ressourcen für die persönliche Evolution von Menschen oder sozialen Organismen stammen aus der Zukunft. Evolutionäre Prozesse werden nicht nur von der Vergangenheit geschoben, sie werden auch von der Zukunft angezogen.

Das ist sicher zunächst ein seltsamer, eher fremd anmutender Gedanke, fast schon esoterisch. Dabei sind Leute darauf gekommen, die nun wirklich nicht im Esoterik-Verdacht stehen, nämlich Mathematiker.

In der Mathematik war es lange nicht möglich, sich mit komplexeren dynamischen Prozessen zu befassen. Schon die Frage, was eigentlich passiert, wenn man eine bestimmte Rechenoperation immer und immer wieder wiederholt, wobei jeweils das Ergebnis des letzten Schritts die Ausgangszahl des nächsten bildet, überforderte schnell einmal die Kapazitäten der besten Kopf- oder Handrechner.

Ein simples Beispiel für einen solchen Algorithmus ist diese Rechenoperation: Nimm 1 als Ausgangszahl, addiere 1 dazu und nimm das Ergebnis als Ausgangs- zahl des nächsten Rechenschritts. Das nennt man in der Umgangssprache zählen.

Bei den hier erwähnten Algorithmen geht es allerdings nicht um ganze Zahlen, und das macht die Sache etwas komplexer, wie man herausfand, als willige Computer begannen, endlos zu rechnen. Dabei zeigte sich, übrigens vom „Zufall" begünstigt, dass schon winzige Unterschiede bei den ersten Ausgangszahlen, ein paar Stellen hinter dem Komma, genügten, um ganz andere Prozessverläufe hervorzubringen.

Die Wissenschaftler nannten das Ganze *chaotische Prozesse* und meinten damit dummerweise etwas ganz anders als der Volksmund: Chaotische Prozesse bilden nicht etwa das nackte Chaos, das vom blinden Zufall regiert wird, nein, sie folgen durchaus nachvollziehbaren Regeln – und dennoch sind ihr Verlauf und ihr Ergebnis nicht vorhersehbar.

Das klingt für den gesunden Menschenverstand zunächst unlogisch und widersprüchlich, doch wer sich bewusst an seinen Lebenslauf erinnert, wird bald einmal feststellen, dass auch persönliche Evolution so verläuft. Manchmal genügen an sich winzige Ereignisse, um diese in ganz andere Bahnen zu lenken.

Das war aber noch nicht alles, was sich bei der Erforschung chaotischer Prozesse ergab. Vielmehr fand sich auch das seltsame Phänomen des Attraktors. Demnach verlaufen ähnliche Prozesse zwar oft genug ganz unterschiedlich, werden aber dennoch von einem bestimmten Punkt im Raum der Möglichkeiten angezogen.

Fragen Sie mich nicht, wie das genau geht. Fragen Sie mich lieber, was das für evolutionäre Prozesse bedeutet. Denn da kenne ich mich aus und weiß, dass es das Phänomen des Attraktors nicht nur in der Mathematik gibt. Ein prophetischer menschlicher Geist, Teilhard de Chardin, hat schon vor Jahrzehnten postuliert, alle Evolution laufe auf ein imaginäres „Ziel" hin, das er den Omega-Punkt nannte, ja, evolutionäre Prozesse würden von diesem Punkt angezogen. Und genau das meint die Idee des Attraktors – attraktiv heißt ja nichts anderes als anziehend.

Für die Entwicklung eines Menschen oder Unternehmens ist der Attraktor gleichzusetzen mit einer *Vision*. Eine Vision ist nichts anders als jener Ort in der Zukunft, an dem die wünschbare mit der denkbaren Entwicklung zusammentrifft. Und starke Visionen wirken anziehend auf Entwicklungsprozesse.

Das liegt daran, dass die Menschen es sinnvoller finden, in eine bestimmte Richtung, auf eine starke Vision hin zu arbeiten, als sich planlos irgendwie vorwärts zu bewegen. Es werden einfach mehr Kräfte frei, wenn bei der Entwicklung eines Menschen oder eines Unternehmens auch eine Anziehungskraft aus der Zukunft wirkt, ein Attraktor also.

Dabei ist *Sinn* ein gutes Stichwort. Menschen brauchen nun mal Sinn in ihrem Tun, und alle sozialen Organismen, in denen Menschen tätig sind – also alle – brauchen deshalb ebenfalls Sinn. Sinn-Quellen sind – bei Menschen wie bei Unternehmen – einerseits im eigenen Grund, in der eigenen Basis, in der eigenen Vergangenheit zu finden. Aber ebenso in der Zukunft. Nur sinnvolle Visionen sind attraktive Visionen, und nur von attraktiven Visionen werden evolutionäre Prozesse wirklich angezogen.

Doch diese Anziehungspunkte, auf die sinnvoller-weise alles hinausläuft, bestehen nicht nur aus Visionen, die man sich bewusst selber ausmalt. Es gibt in jedem Entwicklungsprozess auch so etwas wie einen verborgenen Sinn. Oder vermutlich eher verborgene Sinne, denn so einfach, dass alles auf einen einzigen Punkt hinausläuft, verläuft persönliche Entwicklung selten...

Einem solchen verborgenen Sinn können Menschen oder Organisationen auf die Spur kommen, ganz packen können sie ihn nie, so wenig wie sie eine Antwort auf die Frage finden können, woher dieser Sinn kommt und warum es ihn gibt.

Ein Gespür dafür, *wohin* eine organische Entwicklung laufen könnte, lässt sich dagegen entwickeln. Und zwar, indem Sie sich immer mal wieder bewusst fragen, *wozu* die Dinge gut sein könnten, die Sie tun – oder lassen.

Einen Vorteil habe ich als Evolution gegenüber den Menschen. Wenn ich Entwicklungsprozesse in Gang setze, genügt es, eine tragfähige Ausgangsbasis sowie eine sinnvolle Vision ins Spiel zu bringen. Den Rest kann ich getrost dem Prinzip der Selbstorganisation überlassen und mich auf die Rolle der neugierigen Zuschauerin beschränken.

Die Menschen dagegen sind für diese Rolle des reinen Beobachters nicht geschaffen. Wohl gilt in einigen spirituellen Traditionen das Einüben dieser nicht wertenden und nicht handelnden Beobachterrolle als Königspfad zur Erleuchtung, doch den meisten Menschen ist das zu passiv, sie wollen Einfluss nehmen auf die Entwicklung ihrer eigenen Persönlichkeit und der von ihnen geschaffenen sozialen Organismen.

Allerdings besteht kein grundsätzlicher Widerspruch zwischen einer Lebenshaltung, die sich ganz dem Fluss des Lebens ergibt, und dem Wunsch, selber aktiv gestaltend tätig zu sein. Denn auch wer im Fluss des Lebens mitschwimmt und sich nicht gegen den Strom stellt, kann sich nicht einfach passiv auf den Rücken legen, sondern muss aktiv schwimmen. Und hat dabei durchaus Wahlmöglichkeiten bei der Frage, wohin er sich richten will.

Diese Freiheit, die immer Lust und Last zugleich ist, wenngleich der mit der Evolution mitschwingende Mensch meist ein Plus bei der Lust empfindet, hat eine Konsequenz: Menschen brauchen nicht nur den Baugrund einer tragfähigen Basis und das Dach einer attraktiven und sinnvollen Vision, sie brauchen dazwischen auch Säulen oder Wände.

Wobei mir dieses Bild noch zu statisch ausfällt. Die Persönlichkeiten von Menschen oder Unternehmen sind ja keine ein für allemal fest gebauten und unveränderlichen Gebäude. Vielmehr sollten sie als evolutionäre Prozesse verstanden werden. Eine Persönlichkeit befindet sich immer im Wandel, sie ist stetig unterwegs.

Wer aber unterwegs ist, braucht Orientierung und damit Wegmarken. So gut es ist, sich auf seinem Weg bewusst zu sein, woher man kommt (Vergangenheit), und wohin man geht (Zukunft), so wenig gibt dieses Bewusstsein über Wurzeln und Visionen in der Gegenwart eine Antwort auf die Frage, ob man sich im konkreten Fall an einer Weggabelung nach links oder nach rechts wenden soll.

Genau dafür habe ich den Menschen die segensreiche Einrichtung der *Werte* geschenkt. Werte sind die Wegmarken an den oft unübersichtlichen Pfaden von evolutionären Entwicklungsprozessen.

Dabei gilt es zunächst ein Missverständnis auszuräumen. Mit Werten sind nicht nur jene Tugenden gemeint, die man gemeinhin als moralische oder bürgerliche Werte bezeichnet. Als die Werte eines Menschen wollen wir vielmehr alles bezeichnen, *was ihm etwas wert ist*.

Dieses bewusst neutral gewählte Verständnis von Werten umfasst eine breite Palette, von der nackten Gier nach immer noch mehr Geld bis hin zum selbstlosen Wunsch, anderen zu helfen. Gemeinsam ist allen Werten jedoch dies: Je wichtiger ein Wert, je mehr also etwas wert ist, desto mehr investieren die Menschen Zeit, Aufmerksamkeit, Energie und Geld darin.

So funktionieren Werte als Wegmarken: Wenn Sie auf Ihrem Entwicklungsweg nicht mehr weiter wissen, orientieren Sie sich an Ihren Werten. Sie gehen dorthin, wohin Ihre Werte Sie weisen, und im Falle eines Konflikts zwischen widersprüchlichen Werten wählen Sie jenen, der Ihnen mehr wert ist, der Ihnen mehr bedeutet.

So funktionierte das beim Menschen seit Jahrtausenden ganz von selbst, das heißt, ohne dass die Betroffenen davon etwas mitkriegten, also unbewusst. Das lag daran, dass kaum ein Mensch auf die Idee kam, sich nach seinen eigenen Werten zu fragen, waren diese doch ohnehin von König und Kirche vorgegeben.

Das ist in den letzten paar Jahrzehnten massiv anders geworden. Im Zuge einer zunehmenden Aufwertung des Individuums hat dieses auch die Freiheit erlangt, seine Werte selber wählen zu können. Die Kehrseite dieser Freiheit, die Qual der Wahl, zwingt die Menschen dazu, sich in bewusster Eigenverantwortung zu fragen, nach welchen Werten sie ihr Lebensschiff ausrichten wollen.

In der gegenwärtigen Phase der kulturellen Evolution ist also eine bewusste Hinwendung zum Thema der eigenen Werte angesagt. Nur wer sich bewusst ist, welchen Werten er folgen will, findet den Weg zwischen Basislager und visionärem Gipfel.

Ebenso wie individuelle Persönlichkeiten haben auch soziale Organismen, also etwa Unternehmen, ihre Werte, an denen sie sich orientieren. Und auch für das Unternehmen gilt deshalb, dass Orientierung nur möglich ist, wenn es sich diese Werte bewusst macht.

Was heißt hier Orientierung? Es geht um mehr, nämlich um das Überleben des Unternehmens. Mehr und mehr wird wirtschaftliche Wertschöpfung durch Werte erfolgen. Kunden kaufen eine Marke, weil sie dieselben Werte verkörpert und lebt, wie sie ihnen selber wichtig sind. Das erfordert auf Firmenseite verstärkt eine bewusste Kultur der Werte.

Die Werte des Unternehmens bewusst zu machen und vorzuleben, wird deshalb immer mehr zu einer der vornehmsten Aufgaben der Unternehmensführung. Was eine hübsche Assoziation zum schönen Beruf des Bergführers auslöst: Ein Bergführer kann seine Gäste motivieren und anspornen und ihnen auch mal über eine besonders schwierige Stelle hinweg helfen – aber gehen und klettern müssen die Gäste immer noch selber.

Hauptaufgabe des Bergführers ist vielmehr die Orientierung. Er weist seinen Gästen den Weg, weil er die Wegmarken kennt. Er ist dabei immer einen Schritt voraus, nicht weniger, weil der Platz des Führers nun mal vorne ist, aber auch nicht mehr, weil sonst die Gäste den Anschluss verlieren.

Könnte das nicht auch die Hauptaufgabe von Unternehmensführern sein, auf dem Weg vom Basislager zum Gipfel einen Schritt voran zu gehen, geleitet von klaren und bewussten Werten?

Seit dem Urknall habe ich, die Evolution, immer stark auf das Prinzip des Austauschs gesetzt. Atome tauschen Elementarteilchen, Moleküle Atome. Lebewesen tauschen Nährstoffe, Gase und Gene. Ohne Tausch gäbe es also keines meiner Geschöpfe.

Mit dem Menschen allerdings hat das Tauschprinzip eine bis dahin ungeahnte Blüte erlebt. Die Menschen haben schon immer alles Mögliche getauscht, Güter und Dienstleistungen, Arbeitskraft und Wissen. Doch so richtig in Schwung kam dieser Tauschhandel erst durch die geniale Erfindung des Geldes.

Damit musste man nicht mehr mühsam über sieben Ecken herum tauschen, sondern konnte alles für Geld verkaufen und dafür wieder etwas anderes kaufen. Für ein reales Gut tauscht man ein abstraktes ein und umgekehrt. Ohne die abstrakte Einheitswährung Geld wäre modernes Wirtschaften undenkbar.

Im Laufe der Zeit ist Geld immer abstrakter geworden, heute besteht der größte Teil davon aus Einsen und Nullen in einem Computer. Und dennoch war die Erfindung des Geldes so erfolgreich, dass die Menschen heute ganz selbstverständlich annehmen, die Basis aller Tauschbeziehungen sei das Geld.

Das ist allerdings ein Irrtum. Die Basis aller Tauschbeziehungen ist vielmehr *Vertrauen*. Wenn Sie ein Produkt bestellen, vertrauen Sie darauf, dass in der Verpackung kein Schrott ist. Wenn Sie eine Ware liefern, vertrauen Sie darauf, dass die Rechnung bezahlt wird.

Wenn Sie jemanden einstellen, vertrauen Sie darauf, dass er sein Bestes für das Unternehmen gibt, und wenn Sie sich anstellen lassen, vertrauen Sie darauf, dass Ihr Gehalt pünktlich überwiesen wird. So wie Sie bei jeder Beziehung darauf vertrauen, dass Sie der andere nicht betrügen wird.

Ohne Vertrauen gäbe es weder Beziehungen noch Austausch zwischen Menschen. Es mag wie eine Binsenwahrheit klingen, aber auch solche sind nun mal wahr: Vertrauen ist das wertvollste Kapital. Nicht nur im Wirtschaftsleben, aber da ganz besonders.

Vertrauen ist, Sie wissen es, ein fragiles Gut. Es braucht lange, um es Schritt für Schritt aufzubauen, doch verloren gehen kann es in einem unachtsamen Moment gänzlich. Der Aufbau von Vertrauen funktioniert nicht, wenn man den ersten Schritt immer von der Gegenseite erwartet, ohne Vertrauensvorschuss läuft gar nichts.

Das ist natürlich immer ein Risiko. Und weil die Menschen Risiken vermeiden wollen, haben sie den Slogan „Vertrauen ist gut, Kontrolle ist besser" erfunden.

Solange man soziale Organisationen wie etwa ein Unternehmen als eine Art Armee betrachtet, die wie eine Maschine funktioniert (oder jedenfalls funktionieren sollte), hat diese Regel eine gewisse Berechtigung. Sie möchten schließlich auch, dass die Maschinen, auf die Sie sich verlassen, von den Ingenieuren und Mechanikern, die sie hergestellt haben, gut kontrolliert worden sind.

Wenn Sie allerdings ein Unternehmen nicht als Maschine, sondern als lebendigen Organismus betrachten, sieht die Sache ganz anders aus. Denn dann sind Sie als Unternehmensführer nicht in der Rolle des Mechanikers, sondern des Gärtners. Sie können nicht mehr mit Gewalt ein Blech richtig pressen oder per Knopfdruck einen Befehl geben. Ihre Macht ist viel beschränkter.

Natürlich haben Sie auch als Gärtner Einfluss auf das Wachstum Ihrer Pflanzen. Sie können Sie im Extremfall ausreißen, und Sie können Ihr umgekehrt gute Wachstumsbedingungen geben, indem Sie sie am richtigen Ort pflanzen und ihr Wasser und Dünger geben.

Doch niemals können Sie einer Pflanze befehlen zu wachsen. Das heißt, versuchen können Sie es schon, doch die Wirkung bleibt zweifelhaft. Stattdessen bleibt Ihnen nichts anderes übrig, als darauf zu vertrauen, dass die Pflanze von selber wächst.

Evolutionäre Unternehmensführung braucht also nicht nur viel Vertrauen der Unternehmensführung in die Mitarbeiter, die Kunden und Lieferanten. Vielmehr wächst dieses konkrete Vertrauen nur auf der Basis einer Art von Urvertrauen in die selbstorganisierenden Kräfte, die bei der Unternehmensentwicklung walten.

Das bedeutet, ich wiederhole mich da gerne, nicht etwa, dass Unternehmensführer jetzt einfach die Hände in den Schoß legen sollten, um in Ruhe zu beobachten, wie sich ihre Firma von selber entwickelt – obwohl auch das manchmal durchaus sinnvoll sein kann.

Wenn komplexe Systeme wie ein Unternehmen nicht mehr vollständig machtvoll gesteuert, rational gemanagt und systematisch kontrolliert werden können, sind Alternativen angesagt, die auf mehr Vertrauen in die evolutionären Kräfte der Selbstorganisation beruhen. Sanftere Einflussmöglichkeiten auf das Geschehen sind gefragt, welche die Wellen des evolutionären Flusses nicht mehr brechen, sondern auf ihnen reiten wollen.

Die Herkunft der folgende Bitte verliert sich im Dunkeln, doch ihr Inhalt ist für Unternehmensführer unverändert aktuell: „Herr, gib mir den Mut, die Dinge zu verändern, die in meiner Macht liegen. Gibt mir die Gelassenheit, jene Dinge hinzunehmen, die nicht zu verändern sind. Und gib mir die Klugheit, beides zu unterscheiden."

Sie haben diese Fähigkeit bereits, wenn Sie auf mich, auf die Stimme der Evolution, hören, die als innere intuitive Stimme aus Ihnen selbst spricht. Ob es um die evolutionäre Entwicklung Ihrer Persönlichkeit geht oder um jene Ihres Unternehmens – auf diese Stimme ist Verlass.

Sie braucht allerdings bewusste Aufmerksamkeit und Achtsamkeit. Der Lohn dafür ist jedoch auch nicht zu verachten: Sie entwickeln mehr Souveränität, Gelassenheit, Echtheit, Lebensfreude und Kreativität, und Ihr Unternehmen blüht auf. So wächst aus Vertrauen Gewinn.

Die Stimme der Evolution wird in diesem kleinen Buch vertreten von

Raymond Spielmann, Jahrgang 1943, begann mit 27 Jahren seine Unternehmer-Laufbahn. Er baute eine Außenwerbungsfirma auf, gründete eine bedeutende Publikumsmesse und leitete über 20 Jahre eine von ihm selbst gegründete Personalberatungsfirma. Mit 49 Jahren gab er seine leitende Arbeit auf. Fortan widmete er sich dem Thema der Energetik in Arbeit und Persönlichkeit. Sein mit 33 Jahren erfundenes EVO-System, die ihm die Basis für den Lebens- und Unternehmenserfolg brachte, vermittelt er heute an Unternehmen. (siehe Seite 54)

Andreas Giger, Jahrgang 1951, ist promovierter Sozialwissenschaftler und lebt und arbeitet heute als unabhängiger Zukunfts-Philosoph, Autor und Photograph in Wald AR (Schweiz). Mehr unter **www.gigerheimat.ch**
(Mehr Bücher von Andreas Giger siehe Seite 55)

Das EVO-System von Raymond Spielmann

Die EVO-Philosophie geht vom Grundsatz aus, dass im Menschen viel mehr Kraft und Kreativität angelegt ist als heute gemeinhin zugelassen wird.

Weil unser verstandesmäßig geplanter Alltag die Norm ist, fehlt uns oft die schöpferische Kraft, um die enormen Herausforderungen der Zukunft zu bewältigen. Der menschliche Organismus, die Persönlichkeitskraft kommen an ihre Grenzen. Burnout ist programmiert.

EVO baut die Brücken zum ganzheitlichen Management von Arbeit und Persönlichkeit, erschließt Kraftreserven und fördert deren Erneuerung. EVO ist eine sehr individuelle Methode die aufbauend zur Bildung der nächst höheren Gruppenpersönlichkeit führt. Die Entwicklungsarbeit ist evolutionär angelegt.

Die Grundidee des EVO-Systems ist die biologische Sicht der Natur. Wenn es um die menschliche Persönlichkeit geht, und hier besonders im Bereich der Führung, ist es der Leader, der als erster an dieser Philosophie interessiert sein muss. Die Definition des Unternehmens ist jene einer führungsbasierten Firmenpersönlichkeit.

Durch Eigeninitiative aufgrund dieses Buches, durch EVO- Events und Begleitung kann eine solche Initiative umgesetzt werden. Bei dieser Methodik ist nicht die Genauigkeit des Befolgens eines Lehrplanes wichtig sondern die Prozessorientierung. Sobald der Teil der individuellen Persönlichkeit und der Werte der Firmenpersönlichkeit erarbeitet sind, ist EVO eine Arbeitsweise, die sofort im Arbeitsalltag als Planungs- und Führungsform eingesetzt wird.

Mehr unter **www.evo-event.ch**

Weitere Bücher von Andreas Giger

Die Bewusstseins-Elite
In diesem Standardwerk über die Bewusstseins-Elite, das erstmals ein Porträt dieser für unsere Zukunft wichtigen gesellschaftlichen Vorhut zeichnet, erfahren Sie, wer die Bewusstseins-Elite ist, was sie denkt und interessiert, und wie sie unsere Zukunft prägt.

Umfang ca. 240 Seiten, mit diversen Grafiken und elf Schwarz-Weiß-Bildern. € 22.00 / CHF 35.00
J. Kamphausen Verlag, Bielefeld, 2006.
(www.weltinnenraum.de) ISBN 3-89901-095-7

Die Philosophie der Markfrau
Was hat die einfache Marktfrau, die irgendwo seit langer Zeit einen Gemüsestand betreibt, mit der komplexen Realität des Marketings tun? Eine Menge. Denn sie ist tätig in der Urform des Marktes. Dessen Grundsätze und Spielregeln leben in gewandelter Form weiter und bilden die Basis jedes Marketings.

Umfang 56 Seiten, mit 13 Farbfotos. € 12.00/CHF 19.00
Books on Demand, 2006. ISBN 3-8334-5136-X

Bestellung und mehr: www.bewusstseins-elite.net

Gefördert wurde dieses Buch durch diese
Unternehmen:

Lavoris (Schwyz) AG
Personalberatung
CH-6430 Schwyz
www.lavoris.ch

RAIFFEISEN

www.raiffeisen.ch

Schweizer Taschenmesser
CH-6438 Ibach-Schwyz
www.victorinox.ch